WITZIGES ZUR WEIHNACHT

UND WENN DAS FÜNFTE LICHTLEIN BRENNT ...

Zusammengstellt von
Margarete Drachenberg

EULENSPIEGEL

Inhalt

❋ Der Apfent 5

❋ This must was Besonderes sein 10

❋ O Pannenbaum 13

❋ Sprüche unterm Weihnachtsbaum 16

❋ Der unkorrekte Tannenbaum 18

❋ Ey du fröhliche, boah du selige 22

❋ Das Missgeschick des Weihnachtsmanns 24

❋ Wie fängt man den Weihnachtsmann? 26

❋ Weihnachtsrätsel 30

❋ Weihnachten aus Marketingsicht 32

❋ Das Christkind beim Finanzamt 36

❋ Die Geschichte vom Lametta 38

❋ Über unsere Weihnachtshöhepunkte 43

❋ Jesu Geburt 50

❋ Gibt es den Weihnachtsmann wirklich? 53

❋ Die Weihnachtskatastrophe 57

❋ Rund um die Weihnachtsgans 59

❋ Rezept für eine Weihnachtsgans 61

❋ Denkt euch, ich habe das Christkind
  gesehen 63

Toni Lauerer

Der Apfent

Der Apfent ist die schönste Zeit vom Winter. Die meisten Leute haben im Winter eine Grippe. Die ist mit Fieber. Wir haben auch eine, aber die ist mit Beleuchtung und man schreibt sie mit K.

Drei Wochen bevor das Christkindl kommt, stellt Papa die Krippe im Wohnzimmer auf und meine kleine Schwester und ich dürfen mithelfen. Viele Krippen sind langweilig, aber die unsere nicht, weil wir haben mords tolle Figuren darin. Ich habe einmal den Josef und das Christkindl auf den Ofen gestellt, damit sie es schön warm haben, und es war ihnen zu heiß.

Das Christkindl ist schwarz geworden und den Josef hat es in lauter Trümmer zerrissen. Ein Fuß von ihm ist bis in den Plätzlteig geflogen und es war kein schöner Anblick. Meine Mama hat mich geschimpft und gesagt, dass nicht einmal die Heiligen vor meiner Blödheit sicher sind.

Wenn Maria ohne Mann und ohne Kind herumsteht, schaut es nicht gut aus. Aber ich habe

Gott sei Dank viele Figuren in meiner Spielzeugkiste und der Josef ist jetzt Donald Duck. Als Christkindl wollte ich den Asterix nehmen, weil der ist als Einziger so klein, dass er in den Futtertrog gepasst hätte. Da hat meine Mama gesagt, man kann doch als Christkindl keinen Asterix hernehmen, da ist ja das verbrannte Christkindl noch besser. Es ist zwar schwarz, aber immerhin ein Christkindl.

Hinter dem Christkindl stehen zwei Ochsen, ein Esel, ein Nilpferd und ein Brontosaurier. Das Nilpferd und den Brontosaurier habe ich hineingestellt, weil der Ochs und der Esel waren mir allein zu langweilig.

Links neben dem Stall kommen gerade die heiligen drei Könige daher. Ein König ist dem Papa im letzten Apfent beim Putzen heruntergefallen und war dodal hin. Jetzt haben wir nurmehr zwei heilige Könige und einen heiligen Batman als Ersatz.

Normal haben die heiligen drei Könige einen Haufen Zeug für das Christkind dabei, nämlich Gold, Weihrauch und Pürree oder so ähnlich. Von den unseren hat einer anstatt Gold ein Kaugummipapierl dabei, das glänzt auch schön. Der andere hat eine Marlboro in der Hand, weil wir kei-

nen Weihrauch haben. Aber die Marlboro raucht auch schön, wenn man sie anzündet. Der heilige Batman hat eine Pistole dabei. Das ist zwar kein Geschenk für das Christkindl, aber damit kann er es vor dem Saurier beschützen. Hinter den drei Heiligen sind ein paar rothäutige Indianer und ein käsiger Engel. Dem Engel ist ein Fuß abgebrochen, darum haben wir ihn auf ein Motorrad gesetzt, damit er sich leichter tut. Mit dem Motorrad kann er fahren, wenn er nicht gerade fliegt. Rechts neben dem Stall haben wir ein Rotkäppchen hingestellt. Sie hat eine Pizza und drei Weizen für die Oma dabei und reißt gerade eine Marone ab. Einen Wolf haben wir nicht, darum lurt hinter dem Baum ein Bummerl als Ersatz-Wolf hervor.

Mehr steht in unserer Krippe nicht, aber das reicht voll. Am Abend schalten wir die Lampen an und dann ist unsere Krippe erst so richtig schön. Wir sitzen so herum und singen Lieder vom Apfent. Manche gefallen mir, aber die meisten sind mir zu lusert. Mein Opa hat mir ein Gedicht vom Apfent gelernt und es geht so: »Apfent, Apfent, der Baerwurz brennt. Erst trinkst oan, dann zwoa, drei, vier, dann hautsde mit dein Hirn an d'Tür.« Obwohl dieses Gedicht recht schön ist, hat Mama gesagt, dass ich es mir nicht merken darf.

Im Apfent wird auch gebastelt. Wir haben eine große Schüssel voll Nüsse und eine kleine voll Goldstaub. Darin wälzen wir die Nüsse, bis sie golden sind, und das Christkindl hängt sie später an den Christbaum. Man darf nicht fest schnaufen, weil der Goldstaub ist dodal leicht und er fliegt herum, wenn man hinschnauft. Einmal habe ich vorher in den Goldstaub ein Niespulver hineingetan und wie mein Vater die erste Nuss darin gewälzt hat, tat er einen Nieserer, dass es ihn gerissen hat und sein Gesicht war goldern und die Nuss nicht. Mama hat ihn geschimpft, weil er keine Beherrschung hat und sie hat gesagt, er stellt sich dümmer an als wie ein Kind. Meinem Vater war es recht zuwider und er hat nicht mehr mitgetan. Er hat gesagt, dass bei dem Goldstaub irgendetwas nicht stimmt und Mama hat gesagt, dass höchstens bei ihm etwas nicht stimmt. Ich habe mich sehr gefreut, weil es war insgesamt ein lustiger Apfentabend.

Kurz vor Weihnachten müssen wir unsere Wunschzettel schreiben. Meine Schwester wünscht sich meistens Puppen oder sonst ein Gelump. Ich schreibe vorsichtshalber gleich mehr Sachen darauf und zum Schluss schreibe ich dem Christkindl, es soll einfach so viel kaufen, bis das Geld ausgeht.

Meine Mama sagt, das ist eine Unverschämtheit und irgendwann bringt mir das Christkindl gar nichts mehr, weil ich nicht bescheiden bin.

Aber bis jetzt habe ich immer etwas gekriegt. Und wenn ich groß bin und ein Geld verdiene, dann kaufe ich mir selber etwas und bin überhaupt nicht bescheiden. Dann kann sich das Christkindl von mir aus ärgern, weil dann ist es mir wurscht.

Bis man schaut, ist der Apfent vorbei und Weihnachten auch und mit dem Jahr geht es dahin. Die Geschenke sind ausgepackt und man kriegt bis Ostern nichts mehr, höchstens, wenn man vorher Geburtstag hat.

Aber eins ist gewiss: Der Apfent kommt immer wieder.

This must was Besonderes sein

When the last Kalender-sheets
flattern through the Winter-treets
and Decemberwind is blowing,
then is everybody knowing,
that it is not allzuweit,
she does come, the Weihnachtszeit.

All the Menschen, Leute, people
flippen out of ihrem Stübel
run to Kaufhof, Aldi, Mess
make Konsum and business.
Kaufen this und jenes Dings
and the churchturmglocke rings!

In the kitchen of the house
mother makes the Christmasschmaus.
She is working, schufting, bakes,
Hit is now her Yoghurtkeks.
And the Opa says as Tester:
»We are killed bis zu Silvester.«
Then he fills the next Glas wine,
yes, this is the Christmastime.

Day by day does so vergang,
and the holy night does come.
You can think, you can remember,
this is immer in December!
Then the childrenlein are coming
candle-wachs is abwarts running.
Bing of Crosby Christmas sings,
while the Towerglocke rings
and the angels look so fine.
Well! This is the Weihnachtstime.

Baby-eyes are big and rund,
the family feels kerngesund,
when unterm Baum is hocking
then nothing can them shocking.
They are so happy, are so fine,
this happens in the Christmastime.
The family begins to sing

and wieder does a Glöckchen ring.
Zum Song vom grünen Tannenbaum
die Tränen rennen down and down,
bis the mother plötzlich flennt:
»Die Gans im Ofen ist verbrennt!«
Because her nose is very fine
wie jedes Jahr zur Christmastime.
So all can say the fest is nice,
but all of this hat seinen Preis.
The nervs are laying alle blank,
this is mir klar, by this Gestank.

This must was Besonderes sein.
All the people stimmen ein
and sing with me so loud and clear:

MERRY X-MAS
AND A HAPPY
NEW YEAR!

Günter Herlt

O Pannenbaum

Die schwierigste Frage vor Weihnachten ist in unserer Familie nicht: »Wem schenkt man was?, sondern: »Wer nimmt Opa?« Da unser Opa seit drei Jahren Witwer ist, müssen wir ihm »Asyl« gewähren.

Nun gibt es aber zweierlei Opas: Manche hocken sich aufs Sofa und stehen erst zur Abreise wieder auf. Unser Opa wieselt aber hektisch durch alle Zimmer, entdeckt alle Macken zwischen Keller und Dach und arbeitet den ganzen Heimwerker-Katalog ab. Was meist in eine Katastrophe führt.

Voriges Jahr war es der Weihnachtsbaum. Opa kam rein und rief: »Was habt ihr denn da für eine Krüppelkiefer aufgestellt?« Und schon stieg er wieder in seinen FIAT Punto und rappelte los zum Baumhändler am Markt. Dort angelte er eine Import-Tanne von 2 Meter 50 hervor, deren Preis vermuten ließ, dass seine Majestät der König von Schweden persönlich den Baum gepflanzt und gegossen hat. Weil aber Opas Kleinwagen die Großtanne nicht bändigen konnte, verfrachtete er deren

Unterleib auf den Beifahrersitz und ließ den Rest aus dem Kofferraum ragen. Da er jedoch keine Warnflagge dabei hatte und eine Einfahrt blockierte, kamen zum Tannengeld von 80 Euro noch mal 120 plus 50 Euro hinzu – Abschleppkosten und Bußgeld. Doch dann stand er mit dem Prachtbaum in unserer Stube.

Ich sagte: »Der ist doch viel zu lang!«

Opa meinte: »Das macht rein nuscht nich, Junge, da nehmen wir unten was ab.«

Ich fiedelte eine halbe Stunde an dem armdicken Ende herum, bis ihm einfiel: »Moment mal. Da muss ja noch die Spitze mit dem Stern rauf. Nimm mal lieber noch 20 Zentimeter unten ab!«

Damit war ich die nächste halbe Stunde beschäftigt. Als ich in die Küche ging, um ein Pflaster für die Blasen an meinen Händen zu suchen, rief Opa: »Nu lauf mal nich weg! Mir fällt da gerade ein, dass wir ja auch den eisernen Fuß unten mitrechnen müssen. Aber das macht rein nuscht nich, da nehmen wir eben oben was weg!«

Die Gretchenfrage war nun aber, ob der dicke Baum auch in den engen Fuß passen würde. Das tat er nicht. Worauf Opa meinte: »Das macht rein nuscht nich, Junge. Da spitzen wir den Stamm unten einfach ein bisschen an.«

Ich sagte: »Dann musst du aber den Baum schön festhalten.«

»Na klar doch!«, sagte Opa. »Man bloß, ich kann mich nicht so lange bücken mit meinem Kreuz. Fass mal an, wir legen das Vehikel auf den Tisch!«

Was auch geschah. Aber dank der von Archimedes entdeckten Hebelwirkung wedelte der Baum die Vase vom Tisch, was meine Frau aus der Küche nachfragen ließ, ob wir besoffen seien. Opa rief: »Wir haben alles im Griff!«

Ich fragte: »Ist er jetzt nicht ein bisschen zu klein, um auf der Erde zu stehen?«

»Richtig, Junge! Aber das macht rein nuscht nich, wir stellen den Krepel einfach auf den Tisch!«

Bei diesem Versuch ging die Deckenlampe zu Bruch. Doch dann stand der Baum endlich – leicht zerzaust – im Schein seiner strahlenden Lichter.

Die Kinder maulten: »Voriges Jahr war der Baum aber schöner!« Meine Frau zischte: »Da hatten wir aber den lieben Opa nicht zu Besuch!« Und ich addierte stumm, dass dieser Baum mit seinen Nebenkosten teurer war als alle Geschenke, die darunter lagen. Aber Weihnachten ist ja ein Fest der Liebe, da darf man nicht rechnen. Doch nächstes Jahr kaufe ich eine chinesische Plastiktanne, und Opa darf nur noch den Stecker in die Wand stecken!

Sprüche
unterm Weihnachtsbaum

Nikolaus, sei unser Gast,
wenn du was im Sacke hast.
Hast du was, so lass dich nieder,
hast du nichts, so pack dich wieder!

Lieber guter Weihnachtsmann,
ich wünsch mir eine Eisenbahn,
nicht zu groß und nicht zu klein,
aber teuer muss sie sein!

Advent, Advent, ein Lichtlein brennt,
erst eins, dann zwei, dann drei, dann vier.
Und wenn das fünfte Lichtlein brennt,
dann haste Weihnachten verpennt.

Rudolph hat 'ne rote Nase,
ihm drückt der Glühwein auf die Blase,
bedröhnt fliegt er von Haus zu Haus
und richtet meine Grüße aus.

Der Baum verbrannt, Geschenk vergessen,
die Gans ist auch schon aufgefressen
und auf dem Tisch nur blöde Gaben,
na dann 'nen schönen Heiligabend!

O Tannenbaum, o Tannenbaum,
was drunter liegt,
das sieht man kaum.

Fritz Bernhard

Der unkorrekte Tannenbaum

Meine liebe Frau! Liebe Kinder!«, holte der Kritiker Peterkarl Busonius zu seiner Weihnachtsansprache aus, die er, neben dem Lichterbaum stehend, alljährlich an die vor ihm angetretene Familie richtete. »Soeben haben wir miteinander ein Lied gesungen, dessen Worte uns allen von frühester Kindheit an wohlvertraut sind und das zu dem Lichterbaum gehört wie sein Nadelkleid. Aber haben wir uns auch einmal Gedanken über die Worte gemacht, ich meine, sind wir auch einmal kritisch an das herangegangen, was wir von unseren Eltern übernommen haben? Nein, meine Lieben, das sind wir nicht. Was haben wir soeben gesungen?«

»Männe, fass dich kurz«, meinte Frau Busonius, »ich habe die Kartoffeln für den Heringssalat auf dem Feuer.«

»Lass in dieser andachtsvollen Stunde deine Kartoffeln, Hildegard, und höre zu«, erwiderte der Kritiker tadelnd. »›O Tannenbaum‹ haben wir gesungen – Ruhe, unterbrecht mich nicht immerzu! Wir begingen, sage ich, schon in diesen zwei Worten einen Fehler, einen Pleonasmus. Denn dass eine Tanne ein Baum ist und kein Säugetier, ist doch wohl einleuchtend. Es würde also völlig genügen zu sagen – Bartholomäus, schiele nicht nach den Geschenken, sondern antworte! Was zu sagen würde völlig genügen?«

»›O Tanne‹, Papa«, sagte Bartholomäus, der Älteste.

»Es würde genügen und wäre dennoch falsch«, fuhr der Kritiker fort, »denn nicht Tannen sind es gemeinhin, die uns als Weihnachtsbaum dienen, sondern – Philippine, lass den Hund zufrieden, solange ich spreche. Was ist es vielmehr, das uns als Weihnachtsbaum dient?«

»Kiefern, Papa«, sagte Philippine und setzte den Hund auf den Boden.

»Unsinn, Fichtenspitzen sind es. Wir würden also richtigerweise singen – Fürchtegott, nimm die Hand aus der Hosentasche. Wie würden wir richtig singen, Fürchtegott?«

»›O Fichtenbaum‹, Papa.«

»Nicht Baum, Dummkopf, sondern?«

»›O Fichte‹, Papa.«

»Gut. Weiter. Es heißt in der zweiten Zeile:

›Wie grün sind deine Blätter‹, und wieder haben wir Anlass zu ernster Kritik. Dass der Autor von Blättern spricht, obwohl die Tanne bekanntlich zu den Koniferen oder Nadelhölzern zählt, ist gerade himmelschreiend. Noch schwerwiegender aber scheint mir die Formulierung ›wie grün‹, denn sie setzt voraus – dass du mir jetzt aber endlich das Lutschen am Bonbon unterlässt, Eulalie!«

»Wo soll ich denn hin damit?«, widersprach die Jüngste.

»Gib ihn dem Hund und höre zu. Die Formulierung ›Wie grün sind deine Blätter‹ will besagen, dass die Blätter sehr grün sind. Das aber setzt voraus, dass man eine Farbe steigern kann. Die Komparation von Farbtönen ist jedoch Nonsens. Es ist etwas grün oder hellgrün oder dunkelgrün, niemals aber grün, grüner oder am grünsten. So hätte der Autor also richtig sagen müssen – Eulalie, du lutschst ja immer noch. Und zwar woran?«

»An meinem Zahn, Papa«, sagte die Kleine, »soll ich den auch dem Hund geben?«

»Nein, zuhören sollst du. Wie muss das Lied richtig beginnen, Bartholomäus?«

»›O Fichte, o Fichte, deine Nadeln sind grün‹, Papa«, sagte der Älteste.

»Richtig«, lobte der Kritiker, »da es aber eine

Selbstverständlichkeit ist, dass die Nadeln der Fichte grün sind, ist die gesamte Aussage hinfällig und hätte längst dem Rotstift zum Opfer fallen müssen. Was folgt hieraus? Es folgt, dass der Autor unseres schönen Liedes leider sehr unkorrekt, sehr oberflächlich gearbeitet hat, so dass der kritische Sinn den Eindruck gewinnt, dass er, als er die Verse niederschrieb, gar nicht recht bei der Sache war. Und dennoch, ihr Lieben, haben wir das Lied gesungen.«

»Aber Papa«, unterbrach die Jüngste, »wir haben doch –«

»Du sollst nicht immer dazwischenreden«, wurde der Redner böse, aber da Eulalie einen Flunsch zog, lenkte er ein: »Was haben wir doch?«

Da rief die ganze Familie: »Wir haben doch ›O du fröhliche‹ gesungen!«

Ey du fröhliche, boah du selige …

O Tannenbaum, o Tannenbaum,
der Niklaus geht zum Äpfelklaun.
Er zieht sich seine Turnschuh' an,
damit er besser klettern kann.

Leise pieselt das Reh,
gelb verfärbt sich der Schnee,
hört nur wie lieblich es schallt,
wenn des Försters Büchse knallt.

Am Weihnachtsbaume
da hängt 'ne Pflaume
wer hat die Pflaume hingehängt?
Das war mein Bruder
das olle Luder
der hat die Pflaume hingehängt!

*S*tille Nacht, eilige Nacht,
alles rennt, niemand lacht,
und das alte Ehepaar
streitet so wie jedes Jahr …

*E*s ist ein Pferd entlaufen
auf einer Kutschenfahrt,
es ist einfach entsprungen –
das traf den Kutscher hart …

*K*ling Glöckchen, klingelingelin
kling Glöckchen kling.
Macht mir auf das Fenster,
draußen sind Gespenster.
Dracula und Frankenstein
schlagen sich die Köpfe ein …

Das Missgeschick des Weihnachtsmanns

Es war einmal ein Weihnachtsmann,
der hatte Ren und Schlitten,
ich sah ihn einmal irgendwann,
da kam er nur geritten.

Da fragte ich den Weihnachtsmann,
wer ihm den Schlitten nahm,
drauf nahm er fast schon Haltung an
und sprach, wie's dazu kam.

»Ich bin nun schon der Weihnachtsmann
seit vielen hundert Jahren,
hielt niemals an den Kneipen an,
bin stets vorbeigefahren.

Nur heute bin ich Weihnachtsmann
auch einmal schwach gewesen,
erlag dem warmen Kneipenbann,
ich wollt nur einen heben.«

Traurig sprach der Weihnachtsmann:
»Es wurden ein paar mehr,
ich war dann mit dem Zahlen dran,
doch war der Sack schon leer.

›Nun, mein lieber Weihnachtsmann‹,
sprach der Wirt zu mir,
›dann bleibt von deinem Rengespann
der tolle Schlitten hier.‹

Jetzt reit ich armer Weihnachtsmann
hinauf zum Himmelszelt
und hol, damit ich zahlen kann,
noch einen Säckel Geld.«

Da ritt der arme Weihnachtsmann,
die Weihnacht fiel heut aus,
bevor sie überhaupt begann,
so ging ich schnell nach Haus.

Wie fängt man den Weihnachtsmann?

Einige Lösungsvorschläge:

1. Die geometrische Methode:

Man stelle einen zylindrischen Käfig im Wald auf eine schneebedeckte Lichtung:

Fall 1: Der Weihnachtsmann ist innerhalb des Käfigs. Dieser Fall ist trivial.

Fall 2: Der Weihnachtsmann ist außerhalb des Käfigs. Dann stelle man sich in den Käfig und führe eine Inversion an den Käfigwänden durch. So gelangt der Weihnachtsmann in den Käfig und man selbst nach draußen. Man achte darauf, dass man sich nicht in die Mitte des Käfigs stellt, da man sonst im Unendlichen verschwindet.

2. Die Projektionsmethode:

Ohne Beschränkung der Allgemeinheit nehmen wir an, dass die Erde eine Ebene ist. Wir projizieren nun diese Ebene auf eine Gerade, die durch den Käfig läuft, und diese Gerade auf einen Punkt im Käfig. Damit gelangt der Weihnachtsmann in den Käfig.

3. Die topologische Methode:

Der Weihnachtsmann kann topologisch als Torus aufgefasst werden. Man transportiere eine Waldlichtung in den vierdimensionalen Raum. Nun ist es möglich, die Lichtung so zu falten, dass der Weihnachtsmann beim Rücktransport in den dreidimensionalen Raum verknotet ist. Dann ist er hilflos.

4. Die stochastische Methode:

Man benötigt dazu ein Laplace-Rad, einige Würfel und eine Gaußsche Glocke. Mit dem Laplace-Rad fährt man in den Wald und wirft mit den Würfeln nach dem Weihnachtsmann. Kommt er nun mit seinem Schlitten angefahren, stülpe man die Gaußsche Glocke über ihn. Damit ist er mit der Wahrscheinlichkeit eins eingefangen.

5. Die Newtonsche Methode:

Käfig und Weihnachtsmann ziehen sich durch die Gravitation an. Bei Vernachlässigung der Reibung wird der Weihnachtsmann früher oder später im Käfig landen.

6. Die Heisenberg-Methode:

Ort und Geschwindigkeit eines bewegten Weihnachtsmanns lassen sich nicht gleichzeitig bestimmen. Da ein sich bewegender Weihnachtsmann auf einem Schneefeld keinen physikalisch sinnvollen Ort einnimmt, eignet er sich nicht zum Fangen. Die Weihnachtsmannjagd kann sich demnach nur auf einen ruhenden Weihnachtsmann beschränken. Das Fangen eines ruhenden, bewegungslosen Weihnachtsmanns wird dem Leser als Übungsaufgabe überlassen.

7. Die Schrödinger Methode:
Die Wahrscheinlichkeit, zu einem beliebigen Zeitpunkt einen Weihnachtsmann im Käfig zu finden, ist größer als Null. Man setze sich hin und warte.

8. Die Einsteinsche Methode:
Man überfliege die Waldlichtung mit annähernd Lichtgeschwindigkeit. Durch die relativistische Längenkontraktion wird der Weihnachtsmann flach wie ein Papier. Man greife ihn, rolle ihn zusammen und mache ein Gummiband herum.

9. Die experimentalphysikalische Methode:
Man nehme eine semipermeable Membran, die alles außer dem Weihnachtsmann durchlässt, und siebe damit den Wald aus.

Weihnachtsrätsel für Männer und Frauen

Es waren einmal ein perfekter Mann und eine perfekte Frau. Sie begegneten sich, und da ihre Beziehung perfekt war, heirateten sie. Die Hochzeit war einfach perfekt. Und ihr Leben zusammen war selbstverständlich auch perfekt. An einem verschneiten, stürmischen Weihnachtsabend fuhr dieses perfekte Paar eine kurvenreiche Straße entlang, als sie am Straßenrand jemanden bemerkten, der offenbar eine Panne hatte. Da sie das perfekte Paar waren, hielten sie an, um zu helfen. Es war der Weihnachtsmann mit einem riesigen Sack voller Geschenke. Da sie die vielen Kinder am Weihnachtsabend nicht enttäuschen wollten, lud das perfekte Paar den Weihnachtsmann mitsamt seinen Geschenken ins Auto, um die Geschenke zu verteilen.

Unglücklicherweise verschlechterten sich die Straßenbedingungen immer mehr, und schließlich hatten sie einen Unfall. Nur einer der drei überlebte.

Wer war es?

Es war die perfekte Frau. Sie war die Einzige, die überhaupt existierte. Jeder weiß, dass es keinen Weihnachtsmann gibt und erst recht keinen perfekten Mann.

Für Frauen endet das Rätsel hier.
Männer, bitte weiterlesen!

Wenn es also keinen Weihnachtsmann und keinen perfekten Mann gibt, muss die perfekte Frau am Steuer gesessen haben. Das erklärt, warum es zu einem Unfall kam. Wenn du übrigens eine Frau bist und dieses liest, wird dadurch noch etwas bewiesen: Frauen tun nie das, was man ihnen sagt …

Weihnachten aus Marketingsicht

Seit Weihnachten 99 weiß man aus dem Internet, Weihnachten heißt nicht mehr Weihnachten, sondern X-mas, also muss der Weihnachtsmann auch X-man sein! Da X-mas ab September immer quasi schon vor der Tür steht, ist es spätestens ab März höchste Zeit, mit der Weihnachtsvorbereitung zu beginnen – Verzeihung: das diesjährige Weihnachts-Roll-Out zu starten und die Christmas-Mailing-Aktion just in Time vorzubereiten.

Hinweis: Die Kick-off-Veranstaltung (früher 1. Advent) für das diesjährige SANCROS (SANta Claus ROad Show) findet bereits am 29. November statt. Daher wurde das offizielle Come-Together des Organizing Committees unter Vorsitz des CIO (Christmas Illumination Officer) schon am 6. Januar abgehalten. Erstmals haben wir ein Projektstatus-Meeting vorgeschaltet, bei dem eine in Workshops entwickelte »To-Do-Liste« und einheitliche Job Descriptions erstellt wurden. Dadurch sollen klare Verantwortungsbereiche, eine powervolle Performance des Kundenevents und optimierte Geschenk-Allocation geschaffen werden, was wiederum den Service Level erhöht und außerdem hilft, »X-mas« als Brandname global zu implementieren. Dieses Meeting diente zugleich dazu, mit dem Co-Head Global Christmas Markets (Knecht Ruprecht) die Ablauf-Organisation abzustimmen, die Geschenk-Distribution an die zuständigen Private-Schenking-Centers sicherzustellen und die Zielgruppen klar zu definieren. Erstmals sollen auch sogenannte Geschenk-Units über das Internet angeboten werden. Die Service-Provider (Engel, Elfen und Rentiere) wurden bereits via Conference Call virtuell informiert und die Core-Competences vergeben. Ein Bündel von Incentives und ein separater Team-Building-Event

an geeigneter Location sollen den Motivationslevel erhöhen und gleichzeitig helfen, eine einheitliche Corporate Culture samt Identity zu entwickeln. Der Vorschlag, jedem Engel einen Coach zur Seite zu stellen, wurde aus Budgetgründen zunächst gecancelt. Statt dessen wurde auf einer zusätzlichen Client Management Conference beschlossen, in einem Testbezirk als Pilotprojekt eine Hotline (0,69 Ct/Minute Legion) für kurzfristige Weihnachtswünsche einzurichten, um den Added Value für die Beschenkten zu erhöhen. Durch ein ausgeklügeltes Management Information System (MISt) ist auch Benchmark-orientiertes Controlling für jedes Private-Schenking-Center möglich. Nachdem ein neues Literatur-Konzept und das Layout-Format von externen Consultants definiert wurden, konnte auch schon das diesjährige Goldene Buch (Golden Book Release 99.1) erstellt werden. Es erscheint als Flyer, ergänzt um ein Leaflet und einen Newsletter für das laufende Updating. Hochauflagige Lowcost-Giveaways dienen zudem als Teaser und flankierende Marketingmaßnahme.

Ferner wurde durch intensives Brain Storming ein Konsens über das Mission Statement gefunden. Es lautet »Let's keep the candles burning« und ersetzt das bisherige »Frohe Weihnachten«. Santa

Claus hatte zwar anfangs Bedenken angesichts des Corporate-Redesigns, akzeptierte aber letztlich den progressiven Consulting-Ansatz und würdigte das Know-how einer Investor-Relation-Manager.

In diesem Sinne: noch erfolgreiche X-mas Preparations.

PS: Ein unabhängiges Consultingteam prüft z. Zt. die Möglichkeiten zur Adaption des Merchandisingsystems in Kooperation mit dem Osterhasen um ggf. mögliche Synergien zur Personaloptimierung zu schaffen. Ein Börsengang mit lukrativen Vorzugsaktien und Frühzeichnerbundles (z. B. 10 Aktien plus Rentierschlittenfahrt und Osterei) ist z. Zt. in der Grobplanung.

Das Christkind beim Finanzamt

D enkt euch, ich habe das Christkind gesehen,
es war beim Finanzamt zu betteln und flehen.
Denn das Finanzamt ist gerecht und teuer
und verlangt vom Christkind Einkommenssteuer.

Das Amt will wissen, wie es angehen kann,
dass das Christkind so viel verschenken kann.
Weil das Finanzamt nicht kapiert,
wovon das Christkind dies finanziert.

Das Christkind rief: »Die Zwerge stellen die
Geschenke her«,
das Finanzamt will wissen, wo die Lohnsteuer wär.
Vom Wareneinkauf muss man die Quittung
aufheben,
und die Erlöse sind anzugeben.

»Ich verschenke das Spielzeug«, das Christkind
sich wehrt.
Was nicht die Finanzierungsfrage klärt.
Sollte das Christkind Kapitalvermögen haben?
Dann wäre dieses jetzt zu sagen.

»Meine Zwerge besorgen die Teile
und basteln die vielen Geschenke in Eile.«
Das Finanzamt fragt gleich wie verwandelt,
ob es sich um innergemeinschaftliches Gewerbe
handelt?

Oder kämen die Gelder, was ein besondererReiz,
von einem Spendenkonto aus der Schweiz?
»Ich bin doch das Christkind, ich brauche kein
Geld,
ich beschenke die Kinder in der ganzen Welt.

Aus allen Ländern kommen die Sachen,
mit denen wir Kinder glücklich machen!«
Dieses wäre ja wohl nicht geheuer,
denn da fehle die Einfuhrumsatzsteuer.

Das Finanzamt hat eine klare Ahnung
und meint: »Ein Fall für die Steuerfahndung!«
Und das Finanzamt sieht es nicht ein
und entzieht dem Christkind den Gewerbe-
schein.

Die Geschichte vom Lametta

Weihnachten naht, das Fest der Feste,
das Fest der Kinder, Fest der Gäste,
da geht es vorher hektisch zu.
Von früh bis Abend keine Ruh,
ein Hetzen, Kaufen, Proben, Messen …
Hat man auch niemanden vergessen?
So ging es mir – keine Ahnung habend –
vor ein paar JahrenHeiligabend,
der zudem noch ein Sonntag war.
Ich saß grad bei der Kinderschar,
da sprach mein Weib: »Tu dich nicht drücken,
du hast heut noch den Baum zu schmücken!«

Da Einspruch meistens gar nichts nützt,
hab kurz darauf ich schon geschwitzt:
Den Baum gestutzt, gebohrt, gesägt
und in den Ständer eingelegt.
Dann kamen Kugeln, Kerzen, Sterne,
Krippenfiguren mit Laterne.
Zum Schluss – ja Himmeldonnerwetta –
nirgends fand ich das Lametta!
Es wurde meiner Frau ganz heiß
und stotternd sprach sie: »Ja, ich weiß,
im letzten Jahr war es arg verschlissen,

drum habe ich es weggeschmissen.
Und in dem Trubel dieser Tage,
bei meiner Arbeit, Müh und Plage,
vergaß ich, neues zu besorgen!
Ich werd was von den Nachbarn borgen!«

Die Nachbarn – links, rechts, drunter, drüber –
die hatten kein Lametta über!
Da schauten wir uns an verdrossen,
die Läden sind ja auch geschlossen …
»Hört zu! Unser Baum hat altdeutschen Stil,
weil … mir Lametta nicht gefiel!«
Da gab es Heuler, Schluchzen, Tränen,
und ich gab nach den Schmerzfontänen:
»Hört endlich auf mit dem Gezeta,
ihr kriegt 'nen Baum – mit viel Lametta!«

Zwar konnt ich da noch nicht begreifen,
woher ich nehm die Silberstreifen!
Doch grade, als ich sucht mein Messa,
da las ich: »Hengstenberg MILDESSA«.
Es war die Sauerkrautkonserve!
Ich kombiniert' mit Messers Schärfe:
Hier liegt die Lösung eingebettet,
das Weihnachtsfest, es ist gerettet!
Schnell wurd der Deckel aufgedreht,

das Kraut gepresst, so gut es geht,
zum Trocknen – einzeln – aufgehängt
und dann geföhnt, doch nicht versengt!!

Die trocknen Streifen, sehr verblichen,
mit Silberbronze angestrichen –
Auf beiden Seiten Silberkleid!
O freue dich, du Christenheit!
Der Christbaum war einmalig schön,
 wie selten einer ward gesehn!
Zwar roch's süßsauer zur Bescherung,
geruchlich gab's 'ne Überquerung,
weil mit Benzin ich wusch die Hände,
mit Nitro reinigte die Wände,
dazu noch Räucherkerz' und Myrte –
der Duft die Menge leicht verwirrte!
Und alle sprachen still-verwundert:
»Hier riecht's nach technischem Jahrhundert!«

Die Woche drauf … Ich saß gemütlich
im Sessel, las die Zeitung friedlich,
den Bauch voll Feiertages-Rester,
's war wieder Sonntag – und Silvester.
Es sprach mein Weib: »Du weißt Bescheid?!
Es kommen heut zur Abendzeit
Schulzes, Lehmanns und Herr Meier

zu unserer Silvesterfeier!
Wir werden leben wie die Fürsten,
es gibt Sauerkraut mit Wiener Würsten!«
Ein Schrei ertönt! Entsetzt sie schaut:
»Am Christbaum hängt mein Sauerkraut!
Vergessen, neues zu besorgen!
Ich werde was vom Nachbarn borgen!«
Die Nachbarn – links, rechts, drunter, drüber –
die hatten leider keines über!
Da schauten wir uns an verdrossen,
die Läden sind ja auch geschlossen …

Und so ward wieder ICH der Retter,
nahm ab vom Baume das Lametta!
Mit Terpentinöl und Bedacht
hab ich das Silber abgemacht.
Das Kraut dann gründlich durchgewässert,
mit reichlich Essig noch verbessert,
dazu noch Nelken, Pfeffer, Salz
und Curry, Ingwer, Gänseschmalz!
Dann, als das Ganze sich erhitzte –
das Kraut, das funkelte und blitzte –,
da konnt' ich nur nach oben flehen:
Lass diesen Kelch vorübergehen!
Als später dann das Kraut serviert
ist auch noch Folgendes passiert:

Als eine Dame musste niesen,
sah man aus ihrem Näschen sprießen
tausend kleine Silbersterne.
»Mach's noch einmal, ich seh das so gerne!«,
so rief man ringsum, hocherfreut,
die Dame wusste nicht Bescheid!

Franziska Lehmann sprach zum Franz:
»Dein Goldzahn hat heut Silberglanz!«
Und einer, der da musste mal ,
der rief: »Ich hab 'nen Silberstrahl!«
So gab's nach dieser Krautmethode
noch manche nette Episode!
Beim Heimgang sprach ein Gast zu mir:
»Es hat mir gut gefallen hier,
doch wär die Wohnung noch viel netter,
hättst du am Weihnachtsbaum Lametta!«
Ich konnte da gequält nur lächeln
und mir noch frische Luft zufächeln.
Ich sprach – und klopfte ihm aufs Jäckchen:
»Im nächsten Jahr, da kauf ich 100 Päckchen!«

Ottokar Domma

Über unsere Weihnachtshöhepunkte

Weihnachten ist ein Fest der Vorfreuden und Höhepunkte. Die Vorfreuden beginnen schon ein paar Wochen früher und sind ziemlich aufregend. Man muss das einmal beleuchten, und zwar aus familistischer Sicht.

Schon im Herbst überfällt meinen Vater eine nicht unterzukriegende Vorfreude. Er spricht andauernd von Weihnachtsbäumen und erinnert uns fortwährend daran, dass wir ihre Ankunft nicht verpassen dürfen. Wenn es endlich so weit ist, setzt er seinen ältesten Hut auf und zieht mit mir und meiner Schwester los. An diesem Tag erkennt mein Vater keinen Menschen, weil er immer daran denken muss, dass er auch den schönsten Baum erwischt.

Beim Verkaufsplatz angekommen, beginnt er mit der Durchsicht, indem der Vater erst einmal alle Bäume umschichtet. Manchmal denken die Baumkunden, es ist der Chef, und sie fragen ihn, ob noch eine neue Ladung kommt. Mein Vater antwortet, ja, morgen. Das sagt er nur, damit die Leute ihn nicht stören und vielleicht die schönsten Bäume wegschnappen. Aber sonst ist mein Vater nicht egoistisch, im Gegenteil, er zerreißt für andere das Hemd.

Nachdem mein Vater fünf bis zehn Bäume ausgesucht hat, welche meine Schwester und ich bewachen müssen, beginnt er mit der Wahl des schönsten. Er nennt diesen dann Miss Weihnachtstanne. Dazu stellt er sich ein paar Meter weg, und wir müssen ihm die ausgesuchten Missen vordrehen. Mit der Miss, die den schönsten Wuchs hat, nämlich unten breit und schön voll

und gleichmäßig bis obenhin, ziehen wir von dannen.

Aber die Vorfreuden gehen weiter, nämlich mit einem geheimnisvollen Getue. Das geht so vor sich. Manchmal kommt der Vater nach Hause. Er schaut bloß mit dem Kopf durch die Stubentür und winkt der Mutter mit dem Finger. Wenn sie das Zeichen nicht gleich versteht, verdreht mein Vater die Augen und schielt ein bisschen zu seinen Kindern. Jetzt kapiert die Mutter, und sie folgt dem Vater ins Schlafzimmer. Meine Schwester will auch gleich hinterher, aber ich halte sie am Zopf fest und sage, sie muss nicht so neugierig sein und darf den Eltern jetzt nicht die Weihnachtsvorfreuden verderben; denn sie verstecken die Geschenke. Auch unsere Oma hat ihre Geheimnisse, aber sie hebt sie nicht wie meine Eltern im Schlafzimmer auf, sondern auf dem Boden. Dort steht ein alter Schrank, in welchem sich Tapetenreste, Gummistiefel, Lappen, Reiseandenken, ein falscher Zopf und andere Kostbarkeiten befinden. Ich verrate diese Verstecke aber niemandem, um meinen Eltern und der Oma die Vorfreuden nicht wegzunehmen. Diese Geschenkversteckung ist ein zweiter Weihnachtshöhepunkt nach der Missbaumwahl.

Der dritte Vorfreudenhöhepunkt ist das Backen von Weihnachtsstollen. Meine Mutter liest von einem Heftchen die Zutaten ab und ob sie alle beisammen sind. Dann holt sie aus dem Keller eine Wanne, in der ich als schöner Säugling gebadet wurde. Dort kommen die Backwaren hinein, und Vater muss walken. Wenn der Teig zu viel klebt, flucht er und schreit der Mutter zu, sie soll ihn bestreuen. Nachdem der Teig genug vermanscht ist, wird er zugedeckt. Nach einiger Zeit wächst aus der Wanne ein Bauch mit Blasen. Die Mutter sagt, es ist so weit. Sie formt jetzt aus großen Klumpen längliche Dinger, und der Vater kritisiert sie, wenn sie nicht schön oval sind. Die Mutter pfeift aber darauf, und der Vater schiebt sie in den Ofen. Beim Herausholen verbrennt sich der Vater meistens. Er jault und zeigt einen lustigen Indianertanz. Das ist der dritte Höhepunkt vor Weihnachten.

Zwei Tage vor Weihnachten kommt die schwerste Probe, welche eine Familie wie unsere zu bestehen hat. Der Vater putzt nämlich die Miss Weihnachtstanne an. Das ist ein aufregendes Ereignis. Zuerst hält er einen Vortrag über die Behandlung von Weihnachtskugeln. Deshalb besitzen wir auch noch eine aus dem Jahre 1907. Sie ist ein Erbstück, und ich muss mich wundern, dass sie der Vater nicht in einem Panzerschrank verschließen lässt. Nach dem Vortrag kommt der Befehl, dass wir ihm nicht vor den Füßen rumrennen sollen. Und jetzt beginnt er mit der Ausschmückung. Er verteilt die Kugeln nach wissenschaftlichen Gedanken, indem er erst die roten, dann die goldenen, dann die silbernen und zuletzt die gemischten anhängt. Zwischendurch setzt er sich hin und beschaut aus der Entfernung sein Werk. Nach der Bekugelung lässt sich der Vater erst mit einem Kaffee und einem Jäckchen stärken, so nennt er die kleinen Koniaks.

Dies war der erste Akt der Ausschmückung. Aber der zweite folgt bald, indem der Vater schreit, wir sollen Watte holen. Die Oma rennt schnell zum Medizinschrank, und der Vater befiehlt: »Zerschneidet sie in schmale Streifen!«

Jetzt achtet er darauf, dass die Streifen genau zwei Zentimeter breit und fünf Millimeter dick sind. Ich darf ihm dann die Streifen vorsichtig zulangen, während der Vater die Miss Weihnachtsfichte von oben bis unten belegt. Einmal fing er auch bei ihr von unten an, aber da hatte er lauter weiße Streifen an seiner Hose, als er oben fertig war. Diese Wattestreifen nennt Vater Schnee, und wir dürfen nicht mit Streichhölzern rankommen, sonst wird alles Asche. Daher stammt vielleicht das Sprichwort: Und wenn der ganze Schnee verbrennt, die Asche bleibt uns doch.

Der Vater bestaunt jetzt sein Werk wieder, aber damit ist es noch immer nicht fertig. Denn jetzt behängt er jedes Ästchen mit Lametta. Dies hält aber kein gesunder Mensch mehr aus, deshalb gehen wir schlafen und lassen den Vater die Lamettierung allein ausführen. Wenn wir morgens aufwachen, sitzt der Vater meistens noch im Sessel, wo er vor Bewunderung eingeschlafen ist. Ich glaube auch, dass er den schönsten Weihnachtsbaum Europas, Afrikas und vielleicht auch Asiens und Australiens fertiggebracht hat. Und das ist der vierte Höhepunkt.

Der letzte und höchste Höhepunkt ist der Weihnachtsabend mit seiner Bescherung. Jeder legt seine Geschenke unter den Baum und deckt sie zu. Dann essen wir. Danach bimmelt der Vater mit einer alten Kuhglocke, das ist das Zeichen zum Einmarsch in die Weihnachtsstube. Bevor die Enthüllung der Weihnachtsgeschenke erfolgt, müssen wir Kinder etwas singen und aufsagen. Meine Schwester sagt ein Weihnachtsgedicht auf und singt dazu »Schneeflöckchen, Weißröckchen«.

Ein Weihnachtsgedicht ist für mich zu blöd, deshalb singe ich lieber »Dem Morgenrot entgegen, ihr Kampfgenossen all«. Meinem Vater hat das Lied gefallen, und er sang es mit, wogegen meine Mutter und die Oma sagten, es passt nicht richtig. Deshalb will ich diesmal nicht mehr singen, sondern lieber eine Schallplatte auflegen, wenn schon ein Kulturprogramm sein muss.

Auch bei meinem Freund Harald geht es nicht ohne Kultur. Er bereitet sich deshalb auf einen Vortrag vor mit dem Thema »Die Umgestaltung von einem rückständigen zu einem fortschrittlichen Weihnachtsfest«. Harald sagt, entweder wird es ein großer Erfolg, oder seine Oma will wieder kündigen. Deshalb schenkt er ihr vorsichtshalber auch ein heiliges Buch von dem Dichter Diderot. Es heißt »Die Nonne«.

Jesu Geburt

Wenn Jesus nicht vor 2000 Jahren auf die Welt gekommen wäre, sondern heute ...

Nach einem Totalabsturz seiner Zentralrechner hatte Kaiser Augustus kein rechtes Vertrauen mehr in seinen Administrator Billgatus. Deshalb ließ er ein Rundmail schicken und wies seine Communities an, die Einwohnerzahlen durchzurechnen.

Die Programmierer konnten auf die Schnelle keine entsprechende Applikations-Lösung finden. Aus diesem Grund sollten sich Mary und Jo in ihrer Heimatstadt Bethlehem Valley persönlich melden.

Für Mary gestaltete sich diese Reise sehr strapaziös, da sie kurz vor der Geburt von Jesus 1.0 (Messias Application) stand. Über die Online-Auktionen hatten sie keinen günstigen Last-Minute-Flug nach Bethlehem Valley ersteigern können. Per Handy versuchten sie von unterwegs, ein Hotel zu buchen. Doch es war Messe in Bethlehem Valley (IT), und sämtliche Betten waren belegt.

Nach langem Suchen und mit Hilfe der Datenbank des Touristik-Centers fanden sie doch noch ein billiges Zimmer, allerdings ohne jeglichen Komfort, kein Telefon und Fax, weder Fernsehen noch Internet-Zugang. Kaum in der Unterkunft, setzten Marys Wehen ein. Mit Hilfe der Teleauskunft versuchte Jo, eine Hebamme zu erreichen. Auch die Zimmernachbarn Mr. Donkey und Mr. Ox halfen mit. Doch sie erreichten immer nur die Voice-Mails der Hebammen. So musste Jo den Geburtshelfer spielen. Zum Glück hatte er den ersten virtuellen Geburtsvorbereitungskurs mit Auszeichnung abgeschlossen.

Kurze Zeit darauf erblickte Jesus 1.0 das Licht der Welt.

In diesem Moment begann das GPS-System der drei Weisen aus dem Morgenland verrückt zu spielen und ihnen den Weg zu weisen. Die drei Entwickler Balthasar, Kaspar und Melchior folgten den angezeigten Daten und brachten dem kleinen Messias als Geschenke die neuesten technischen Errungenschaften mit: ein Dual-Band-Handy, einen diebstahlsicheren Organizer und einen DVD-Player.

Um die Menschheit über diese Neuigkeit zu informieren, fotografierten sie Jesus 1.0 mit der Digitalkamera und stellten seine Geschichte ins Internet.

Gibt es den Weihnachtsmann wirklich?

eit Jahrhunderten beschäftigt die Menschen diese Frage. Es wird Zeit, sie endlich zu beantworten.

1) Keine bekannte Spezies der Gattung Rentier kann fliegen. ABER es gibt 300 000 Spezies von lebenden Organismen, die noch klassifiziert werden müssen, und obwohl es sich dabei hauptsächlich um Insekten und Bakterien handelt, schließt dies nicht mit letzter Sicherheit fliegende Rentiere aus, die nur der Weihnachtsmann bisher gesehen hat.

2) Es gibt 2 Milliarden Kinder (Menschen unter 18) auf der Welt. ABER da der Weihnachtsmann keine Moslems, Hindu, Juden und Buddhisten beliefert, reduziert sich seine Arbeit auf etwa 15 % der Gesamtzahl: 378 Millionen Kinder (laut Volkszählungsbüro). Bei einer durchschnittlichen Kinderzahl von 3,5 pro Haushalt ergibt das 91,8 Millionen Häuser. Wir nehmen an, dass in jedem Haus mindestens ein braves Kind lebt.

3) Der Weihnachtsmann hat einen 31-Stunden-Weihnachtstag, bedingt durch die verschiedenen Zeitzonen, wenn er von Osten nach Westen reist (was logisch erscheint). Damit ergeben sich 822,6 Besuche pro Sekunde. Somit hat der Weihnachtsmann für jeden christlichen Haushalt mit braven Kindern $\frac{1}{1000}$ Sekunde Zeit für seine Arbeit: Parken, aus dem Schlitten springen, den Schornstein runterklettern, die Socken füllen, die übrigen Geschenke unter dem Weihnachtsbaum verteilen, alle übriggebliebenen Reste des Weihnachtsessens vertilgen, den Schornstein wieder raufklettern und zum nächsten Haus fliegen. Angenommen, dass diese 91,8 Millionen Stopps gleichmäßig auf die ganze Erde verteilt sind (was natürlich, wie wir wissen, nicht stimmt, aber als Berechnungsgrundlage akzeptieren wir dies), erhalten wir nunmehr 1,3 km Entfernung von Haushalt zu Haushalt, eine Gesamtentfernung von 120,8 Millionen km, nicht mitgerechnet die Unterbrechungen für das, was jeder von uns mindestens einmal in 31 Stunden tun muss, plus Essen usw. Das bedeutet, dass der Schlitten des Weihnachtsmannes mit 1040 km pro Sekunde fliegt, also der 3000-fachen Schallgeschwindigkeit. Zum Vergleich: Das schnellste von Menschen gebaute

Fahrzeug auf der Erde, der Ulysses Space Probe, fährt mit lächerlichen 43,8 km pro Sekunde. Ein gewöhnliches Rentier schafft höchstens 24 km pro STUNDE.

4) Die Ladung des Schlittens führt zu einem weiteren interessanten Effekt. Angenommen, jedes Kind bekommt nicht mehr als ein mittelgroßes Lego-Set (etwa 1 kg), dann hat der Schlitten ein Gewicht von 378 000 Tonnen geladen, nicht gerechnet den Weihnachtsmann, der übereinstimmend als übergewichtig beschrieben wird. Ein gewöhnliches Rentier kann nicht mehr als 175 kg ziehen. Selbst bei der Annahme, dass ein »fliegendes Rentier« (siehe Punkt 1) das ZEHNFACHE des normalen Gewichts ziehen kann, braucht man für den Schlitten nicht acht oder vielleicht neun Rentiere, man braucht 216 000 Rentiere. Das erhöht das Gewicht – den Schlitten selbst noch nicht einmal eingerechnet auf 410 400 Tonnen.

Nochmals zum Vergleich: das ist mehr als das vierfache Gewicht des Kreuzfahrtschiffes Queen Elizabeth.

5) 410 400 Tonnen bei einer Geschwindigkeit von 1040 km/s erzeugt einen ungeheuren Luftwiderstand – dadurch werden die Rentiere aufgeheizt, genauso wie ein Raumschiff, das wieder in die Erdatmosphäre eintritt. Das vorderste Paar Rentiere muss dadurch 16,6 TRILLIONEN Joule Energie absorbieren. Pro Sekunde. Jedes. Anders ausgedrückt: Sie werden praktisch augenblicklich in Flammen aufgehen, das nächste Paar Rentiere wird dem Luftwiderstand preisgegeben, und es wird ein ohrenbetäubender Knall erzeugt. Das gesamte Team von Rentieren wird innerhalb von 5 Tausendstel Sekunden vaporisiert. Der Weihnachtsmann wird währenddessen einer Beschleunigung von der Größe der 17 500-fachen Erdbeschleunigung ausgesetzt. Ein 120 kg schwerer Weihnachtsmann (was der Beschreibung nach lächerlich wenig sein muss) würde an das Ende seines Schlittens genagelt mit einer Kraft von 20,6 Millionen Newton.

Damit kommen wir zu dem Schluss: Sollte der Weihnachtsmann irgendwann einmal die Geschenke gebracht haben, so hat er das auf keinen Fall überlebt.

Die Weihnachtskatastrophe

Advent, Advent,
ein Lichtlein brennt.
Erst war es klein, man sah es kaum,
nun brennt der ganze Weihnachtsbaum.

Der Nachbar draußen sieht den Schimmer,
derweil brennt drin' das ganze Zimmer,
und statt der zünft'gen Liederstrophe
geschieht im Haus die Katastrophe.

Die Mutter laut um Hilfe schreit,
doch das Dorf ist tiefverschneit.
Ein Häslein nur zum Haus hinschaut,
der Weihnachtsabend ist versaut.

Da kommt die Feuerwehr gerannt,
zu löschen diesen Wohnungsbrand.
Doch eins ist wirklich wunderbar:
Die Gans ward von alleine gar.

Der Gabentisch ist nun ganz leer,
die Kinder glotzen blöd umher.
Da lässt der Vater einen krachen,
die Kinder fangen an zu lachen.
So kann man auch mit kleinen Sachen
den Kinderherzen Freude machen.

Rund um die Weihnachtsgans

Eine Frau geht vor Weihnachten in den Supermarkt und verlangt eine Gans.
»Welche Sorte darf es denn sein? Eine holländische, eine deutsche oder eine polnische?«, fragt die Verkäuferin.
»Das ist mir ganz egal, ich will sie essen und nicht mit ihr reden!«

Noah hat die Arche inspiziert und kommt zu seiner Frau in die Küche zurück: »Sag mal, wir hatten doch zwei Gänse mit in die Arche genommen, ich hab nur eine gezählt.«
Gibt seine Frau zurück: »Mein Lieber, du vergisst, wir hatten Weihnachten …«

Die Familie sitzt am Tisch, die Mutter serviert die Weihnachtsgans. Der Vater:
»Hm, die sieht lecker aus, womit hast du sie denn gefüllt?«
Die Mutter: »Wieso gefüllt? Die war doch gar nicht leer.«

Wie beginnt das Rezept für eine schotti-
sche Weihnachtsgans?
»Man leihe sich …«

Mami, kann ich ein Meerschwein zu
Weihnachten haben?«
»Nein, du kriegst Gans wie jeder andere auch.«

Fragt eine Gans die andere: »Glaubst du an
ein Leben nach Weihnachten?«

Rezept für eine Weihnachtsgans

Zutaten: eine Gans (halbes Kilogramm pro Person), eine Flasche Whisky, fünf Äpfel, Beifuß, Salz, Pfeffer, Öl

Die Gans mit Äpfeln und Beifuß füllen, schnüren, salzen, pfeffern, mit etwas Öl beträufeln. Den Ofen auf 200 °C einstellen. Dann ein Glas Whisky einschenken und auf gutes Gelingen trinken.

Anschließend die Gans auf dem Backblech in den Ofen schieben. Nun schenke man sich zwei Gläser Whisky ein und trinke wieder auf ein gutes Gelingen.

Nach 20 Minuten den Ofen auf 250 °C stellen, damit es ordentlich brummt. Danach schenke man sich drei weitere Whisky ein. Nacher halm Schdunde öffnen, wenden unn den Braten überwachn. Die Fisskieflasche ergreiffn unn sich einen hinner die Binde kippn.

Nach ner weitern albernen Schunnde langsam bis zzum Ofen hinschleneren unn die Gans umwennen. Drauf achtn, sisch nich die Hand zu vabrennn anne Schaisss-Ohfndür. Sich waidere ffünff odda siehm Wixki innem Glas ssisch unn dann unn so.

Di Ganns weehrent drrai Schunnt (iss auch egal!) waiderbraan unn all ßehn Minudn pinkeln. Wenn üerntwi möglich, ßur Gans hinkriechn unn den Ohwn ausm Viech ssiehn. Nommal n Schlugg geneemign uhd anschliesnt wida fasuchen, das Biest raussuhoin. Den fadammtn Vogel vom Bodn auffläsen unn auff ner Bladde hinrichten.

Aufbasse, dass nich Ausrutschn auffm schaißffettichn Kühnbodn. Wenn sich droßdem nich fameidn läss, fasuhn wida auffßuschichtnodersohahahaisallesjaeeehscheißegaal!!!

Ein wenig schlafen.

Am nächsten Tag die Gans mit Mayonnaise und Aspirin kalt essen.

Denkt euch, ich habe das Christkind gesehen

Denkt euch, ich habe das Christkind
        gesehen,
     es kam aus der Kneipe und konnt'
  kaum noch stehen.
Es hatte ein rot glänzendes Näschen
und in der Hand das letzte Gläschen.

Ich blieb gleich stehen und sprach es an:
»Sag, Christkind, wo ist der Weihnachtsmann?«
Das Christkind sprach: »Auf den brauchst du
    nicht zu hoffen,
der liegt im Wald und ist besoffen.«

Gemeinsam gingen wir zum Weihnachtsmann,
der sah uns mit glasigen Augen an.
»Tag, lieber Bruder, Tag, liebe Schwester,
lasst mich in Ruh, bald ist Silvester!«

Wir danken für die freundliche Genehmigung zum Abdruck des Textes von Toni Lauerer.
Toni Lauerer: I glaub, i spinn. 14. Auflage 2014. MZ Buchverlag in der H. Gietl Verlag & Publikationsservice GmbH, Regenstauf. ISBN: 978-3-931904-43-2

Bei einigem dem Internet entnommenen Texten ließ sich die Urheberschaft nicht klären. Berechtigte Honoraransprüche bleiben gewahrt.

ISBN 978-3-359-02450-7

1. Auflage 2014
© Eulenspiegel · Das Neue Berlin
Verlagsgesellschaft mbH & Co. KG, Berlin
Umschlaggestaltung: Verlag, unter Verwendung von Motiven von bigstock.com
Druck und Bindung: Opolgraf, Polen

www.eulenspiegel-verlag.de